SIYB

创办你的企业

START YOUR BUSINESS

创业意识培训册

（第二版）

人力资源和社会保障部职业能力建设司
中国就业培训技术指导中心
组织编写

中国劳动社会保障出版社

图书在版编目（CIP）数据

创办你的企业．创业意识培训册 / 人力资源和社会保障部职业能力建设司，中国就业培训技术指导中心组织编写．—2 版．—北京：中国劳动社会保障出版社，2017

ISBN 978-7-5167-2957-1

Ⅰ．①创… Ⅱ．①人…②中… Ⅲ．①企业管理 Ⅳ．① F272

中国版本图书馆 CIP 数据核字（2017）第 038999 号

中国劳动社会保障出版社出版发行

（北京市惠新东街 1 号　邮政编码：100029）

*

中青印刷厂印刷装订　　新华书店经销

890 毫米 ×1240 毫米　16 开本　4.75 印张　92 千字

2017 年 3 月第 2 版　　2020 年 11 月第 16 次印刷

定价：18.00 元（全套定价：52.00 元）

读者服务部电话：（010）64929211/84209101/64921644

营销中心电话：（010）64962347

出版社网址：http://www.class.com.cn

前言

党的十八大以来，我国通过实施一系列重大举措，极大地调动了广大人民群众的创业创新热情，新一轮的创业热潮正在蓬勃兴起。创业培训是培育劳动者创新精神、提高劳动者创业能力、实现个人发展和创造自身价值的重要途径，是激发劳动者创造力、推动大众创业万众创新的重要手段。

人力资源和社会保障部自 20 世纪 90 年代末开展创业培训以来，进行了积极探索，积累了有益经验。特别是与国际劳工组织合作，引进国际上比较先进的“创办和改善你的企业”（Start and Improve Your Business，SIYB）培训课程及技术，并将其本土化，深受广大创业者的欢迎和好评。近些年，我们顺应互联网创业新形势，又自主开发推广网络创业培训，实现创业培训技术的模式创新和持续发展，为推进大学生和返乡农民工就业创业发挥了积极作用。

为更好地落实促进就业创业的政策措施，帮助各地各部门有效地开展创业培训工作，我部职业能力建设司和中国就业培训技术指导中心组织创业培训专家，在“创办和改善你的企业”（SIYB）系列培训教材基础上，结合现阶段创业特点和实际情况，改版了这套《创办你的企业（Start Your Business，SYB）》创业培训教材，以更好地帮助创业者实现创业梦想。

通过课程的学习，创业者能够判断自己是否适合创办企业、适合创办什么样的企业，衡量自己的创业想法是否现实可行，进而最终完成自己的创业计划书。

一、教材内容

《创办你的企业（SYB）》教材的内容分为两个部分、十个步骤，每个步骤都是创业者在创业过程中必须面对和思考的。这十步，环环相扣，逐渐深入，缺一不可。当你通过这十个步骤循序渐进的学习，你可以形成自己的商业逻辑、系统化的创业思维，同时可以独立完成自己的创业计划书。

第一部分是创业意识，共两步（第一步至第二步）。通过这两步的学习，你能够理性评估自己是否适合创业并找到提升自己创业素质的方法；你将产生很多的创业想法；你将通过不同的方法筛选并分析出一个最适合自己的企业构思。

第一步：评价你是否适合创业

告诉你什么是企业，创办企业将面临怎样的挑战，让你从多个角度判断自己是否适合创办企业。

第二步：建立一个好的企业构思

告诉你企业的类型，成功创办一个小微企业的成功要素是什么，告诉你什么是企业构思，如何发现企业构思，怎样选出一个最适合你的企业构思。

第二部分是创业计划，共八步（第三步至第十步）。通过这八步的学习，你将知道如何将自己的企业构思“落地”变成一个真实的企业。你将学习如何利用系统的创业知识和技能，完成自己的创业计划书。

第三步：评估你的市场

告诉你如何根据自己的企业构思，评估你的企业开办后的市场状况，并通过调查和了解潜在的顾客和竞争对手来制订你的市场营销计划，并据此预测出企业产品的销售量。

第四步：企业的人员组织

告诉你如何构建企业的组织机构，组建团队并做好企业的人员分工。

第五步：选择你的企业法律形态

告诉你什么是企业法律形态，通过对各种小微企业常见法律形态特点的比较，选择一种适合你的企业法律形态。

第六步：企业的法律环境和责任

告诉你企业必须要依法经营，企业需承担哪些法律责任，同时企业的合法权益也将得到法律保护，为降低企业意外风险，你还要选择合适的商业保险。

第七步：预测你的启动资金

告诉你如何测算你需要多少钱来启动你的企业。

第八步：制订你的利润计划

告诉你经营企业必须赢利，这是企业成败的关键。要懂得什么是成本，怎么制定产品或服务的销售价格，维持良好的现金流对于企业的重要性。同时，你要能够制订出自己企业的销售与成本计划和现金流量计划，并了解获得资金支持的渠道。

第九步：判断你的企业能否生存

告诉你如何将前面八步中对自己企业的各项考虑和练习的结果填入创业计划书中，形成自己的创业计划书。通过制订创业计划，衡量自己的企业能否创办下去。同时，根据自己的创业计划，制订创办你的企业所需的具体行动计划，如申请贷款、申领营业执照等。

第十步：开办你的企业

告诉你在企业创办以后，还有很多的管理工作需要做。

二、教材构成

根据培训内容，《创办你的企业（SYB）》这套教材由三本书构成：

《创业意识培训册》，包括第一步至第二步，用来评估创业者是否适合创办企业，并衡量自己的创业想法是否现实可行。

《创业计划培训册》，包括第三步至第十步，为创业者提供创办一家小企业所需的知识和技能。

《创业计划书》，用于在培训结束时编制自己企业的创业计划书，筹划自己的创业蓝图，并为下一步融资做好准备。

三、关键栏目

在教材中，你会发现不同栏目和小图标，它们代表着不同内容。

“记住”，在这个栏目中，会将培训内容中的关键问题和注意事项等提炼成一两句话，重点强调，希望你能够理解并牢记。

“创业小贴士”，在这个栏目中，会对培训内容中的难点、重点做补充说明，便于拓展学习。

“黄亮和李燕的创业故事”，在这个栏目中，贯穿第一步至第十步连续讲述了甘肃某陶器厂技工黄亮和妻子李燕生产旅游特色工艺品创业的故事，他们将和你一起面对创业中的各种问题，希望他们创业的故事能够帮助你更好地学习和掌握创办企业的知识和技能。本案例仅服务于教学，为便于理解和计算，在市场真实数据基础上，对数据做了部分调整。

“练习”，在这个栏目中，设置了两种练习。一种练习是帮助你更好地理解刚刚学习的创业知识和技能；另一种练习是有关你自己的企业，帮助你将所学的创业知识和技能，应用到你未来的企业中去，更有效地模拟即将创办的企业所面对的各种问题，最终，帮助你完成自己企业的创业计划书。

“小结”，在这个栏目中，对本章节学习的知识和技能进行总结，并通过思维导图进行梳理，帮助你更直观、有效地掌握书中主要内容。

本套教材是在专家们的共同努力下完成的，尚虹老师和叶仁平老师完成了第一步和第二步的编写，郑晓瑾老师完成了第三步和第四步的编写，杨兴民老师完成了第五步和第六步的编写，李颖老师完成了第七步、第九步和创业计划书的编写，高爱兰老师完成了第八步和第十步的编写。此外，王西侠、冯卓、刘凌、贺东亮等老师参与了审定工作。为确保教材的准确性和适用性，所有编审专家都本着认真负责、精益求精的态度，克服身体方面等种种困难，做了大量的调研分析工作，经常集体研讨至深夜，精准每一个知识点，细抠每一个字词句，并反复核对、整理、审校书稿，在此一并致谢！

本套教材同时得到了各地人力资源社会保障（劳动保障）厅（局）创业主管部门的大力支持。本教材在出版前分别由内蒙古自治区就业服务局、四川省就业服务局组织鄂尔多斯市社会人员、成都农业科技职业学院大学生，以及当地创业培训讲师、培训师开办了改版教材试验班，对教材改编工作发挥了重要作用。在此表示感谢！

如本教材有不妥之处，还望大家谅解。在使用过程中有何问题请及时反馈，以便再版时进行订正。

人力资源和社会保障部职业能力建设司
中国就业培训技术指导中心

目　录

第一步　评价你是否适合创业

创业者的性格、技能和经济状况往往决定创业的成败。在打算创办一家企业之前，你需要全面客观地评价自己，判断自己是否适合创办和经营企业，是否具备了创办和经营企业所需要的基本能力和潜力。

在这一步，你将了解一个成功创业者需要具备的素质、能力和物质条件，评价你是否适合创业，因为创业是一种极大的挑战。

一、什么是企业

企业是依法设立的，以赢利为目的，从事商品生产和交换或提供服务活动的经济组织。

从动态角度看，一方面，企业是一个人或一个群体，以赢利为目的而进行商品生产、交换或提供服务活动；另一方面，企业既要从供应商（市场）处采购商品（产品或服务），又要向顾客（市场）出售其商品（产品或服务），并实行自主经营、自负盈亏、独立核算。同时，企业还要不断与供应商和顾客进行信息沟通，以采购到更符合顾客需求的商品（产品或服务）。因此，企业在经营循环过程中自然形成了以下三股流：

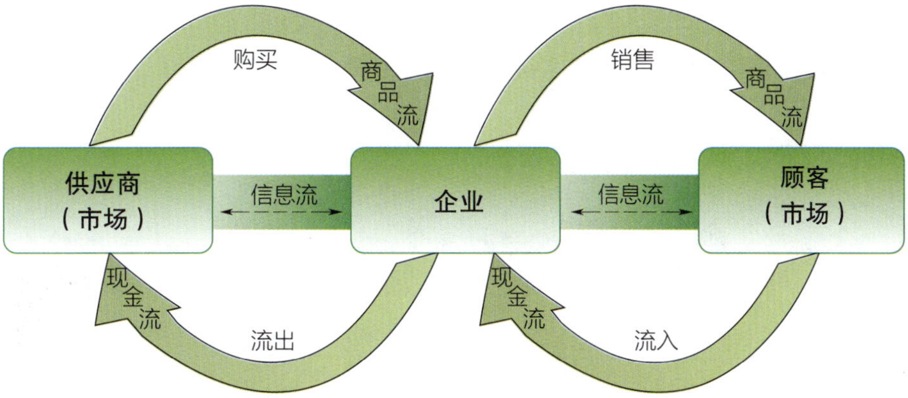

➢ 商品流——指从市场购买商品（设备、原材料、成品等），并向市场销售商品（产品或服务）的商品活动流。

➢ 现金流——指资金流出（购买原材料，支付工资、其他费用等）和资金流入（销售商品或提供服务的收入等）的资金活动流。

➢ 信息流——指企业与顾客、供应商之间信息多向传递及反馈所形成的信息活动流。

你要有效控制企业经营过程中的三股流，随时关注并及时掌握市场信息，持续进行采购、生产和销售活动，确保流入企业的资金多于流出企业的资金，这样企业才能得以生存和发展。

二、创办企业面临的挑战

创办企业意味着你要从事企业的日常经营活动，这与受雇于别人是完全不同的。创办企业是你人生中的一个重大选择，它会改变你的生活。你要创办企业，就得全力以赴，做大量艰辛的工作，只有这样，你的企业才可能获得成功。一旦你的企业获得成功，你将获得相应的经济回报和实现个人价值的满足感。

人们出于多种原因创办企业。有些人是为了体现自身价值而创办企业，有些人则是为了改变生存方式而创办企业，还有些人可能是因为失业等原因而决定创业。不管出于何种原因创业，你都要记住，创业既有好处，也会带来烦恼和困难。

自己创业当老板可以获得许多好处，比如：

- 更好地掌握自己的命运。
- 不必听命于他人。
- 按自己的节奏工作和生活。
- 因出色工作而赢得威望和利润。
- 享受为社会、他人做出贡献的成就感。

自己创业当老板也会遇到不少烦恼和困难，比如：

- 拿自己的积蓄去冒风险。
- 不分昼夜地长时间工作。
- 无法度假，即使生病也得不到休息。
- 失去稳定的工资收入。
- 为给员工发工资和偿还债务而担忧，甚至拿不到自己的那份工资。
- 不得不做自己不喜欢做的事，如清洁、归档、采购等。
- 无暇与家人和朋友团聚。

如果你目前已经拥有一份工作，就要认真考虑是否放弃每月稳定的工资收入、奖金、福利，以及从工作单位获得的养老、医疗、失业保险等社会保障待遇。同时，你要充分认识到经营一家企业要承受非常大的压力，面临巨大的挑战。

记住

创业可能会失败，一旦失败，你将血本无归！

导致创业失败的原因有很多，比如：

➢ 管理不善——企业主不能很好地管理企业，不能及时发现问题并采取行动。比如，员工从企业窃取财物或是在工作中偷懒。

➢ 缺乏技能和专门知识——不具备资金管理、机器维护、库存管理等相关技能与知识，不懂得怎样和顾客做生意。

➢ 经验不全面——企业主有销售经验却没有采购经验，有财务经验却没有生产或销售经验等，缺乏对商业骗局的识别能力等。

➢ 市场营销问题——由于广告乏味、产品陈设不吸引人、服务不周到等，不能招揽足够多的顾客。

➢ 赊销和现金控制不当——在没有核实顾客支付能力，又没有稳妥的收款策略的情况下，允许顾客赊账购物。

➢ 高支出——没有合理安排并严格控制企业费用的支出，诸如差旅费、接待费、营业场所租赁费、水电费、电话费等。

➢ 某些资产过多——设备和车辆以及非生产性物资过多，缺乏足够的现金维持企业日常经营活动。

➢ 库存管理不善——存货太多，缺乏管理，无法售出或用于展示。

➢ 营业地段不理想——企业营业地点偏僻，交通不便又不好找，或离目标顾客太远。

➢ 意外及自然灾害——没有为企业投保，企业因遭受火灾、偷盗等意外或水灾、地震等自然灾害而损失巨大。

所有这些问题都可以通过有效的培训和经验的积累予以避免或解决。认真参加“创办你的企业（SYB）”培训活动，你将学会如何创办和经营一家企业。

做第 38 页的练习 1，你将了解导致创业失败的常见原因。

三、从创业者的角度分析自己

企业经营的成败取决于创业者自己。在决定创业之前，你应该分析并评价一下自己，看看你是否具有创业的素质、能力和物质条件。成功的创业者之所以能够成功，不是因为他们走运，而是因为他们工作努力，并且具有经营企业的素质、能力和物质条件。

思考以下关键词并判断你创业成功的可能性有多大。

➤ 承诺——要想创业成功，你要对你的企业有所承诺。也就是说，你要对你的企业负责，不仅愿意用自己的钱冒创业的风险，全身心地投入，还要有坚持长期经营企业的打算。

➤ 动机——如果你真心想创办企业且想做一名成功的企业主，那么你创业成功的可能性就大得多。如果你只是想试一下，那么你创业成功的可能性就不大。

➤ 诚信——如果你做事不重信誉，对员工、供应商和顾客不诚信，那将有损你的信誉，名声不好对你创办企业是不利的，它会对你的企业经营产生负面影响。

➤ 健康——经营企业是一项十分艰难的工作，它要求创业者具备良好的身体素质。没有健康的身体，你将无法兑现自己对企业的承诺。

➤ 风险——世上没有只赚不赔的生意，企业随时存在倒闭的风险。创办企业的人必须具有冒险精神，但又不能盲目地去冒险，必须敢于承担企业经营中出现的合理的、难以避免的风险。

➤ 决策——在创办企业的过程中，你必须做出许多决策。当要做出对企业有重大影响的决策而又难以抉择时，你要有果断决策的魄力和勇气。

➤ 专项技能——这是你生产产品或提供服务所需要的实用技能。技能的类型将决定你可能选择的企业类型和企业构思。

➤ 企业经营能力——这是指经营企业所需要的综合能力。企业的市场营销固然重要，但企业生产（服务）、成本核算、记账、人员管理等其他经营企业的能力也必不可少。

➤ 相关行业知识——如果你对自己创办的企业及其所属行业有足够的认识和了解，拥有丰富的知识和经验，你就能避免很多失误。对企业经营特点的认知和信息的掌握是最重要的，如果你懂行，你就更容易成功。

➤ 家庭状况——创办和经营企业将占用你很多时间，因此，获得家庭的理解与支持尤为重要。如果你的家庭成员同意你的创业想法，支持你的创业计划，你就有了坚强的后盾。

➤ 财务状况——创办和经营企业需要一定的资金投入，如果你有能力负担这样的投入且不影响你的生活，那么你的创业之路就会走得更加平稳。

做第 39 页的练习 2 和第 40 页的练习 3，你将对成功企业主的特点有更深的理解。

黄亮和李燕的创业故事（一）：自主创业

黄亮，甘肃人，现年 40 岁，是当地一家陶器厂的技工，技术水平很高，而且常年担任班组长，多次被评为厂里的先进工作者。妻子李燕，现年 39 岁，是一家商场的售货员，而且担任业务组长。近期商场经营效益不太好，李燕经常赋闲在家，个人收入也开始下降。他们的女儿即将从商业学校会计专业毕业，家里生活虽不富裕，但日子过得还算美满。

黄亮有主见，做事认真严谨，喜欢学习，动手能力强，还有管理班组的经验。李燕干活勤快，性格开朗，身体也很好。近来，黄亮、李燕看到身边好几个朋友都去创业了，还听说国家出台了不少优惠政策鼓励自主创业，符合条件者可以获得扶持贷款。他们开始思考，一方面提高生活品质，另一方面也想为孩子将来结婚安家提供些帮助。

黄亮和李燕所在的城市工业不够发达，老百姓收入也不高，一般的生意不好做。他们注意到有人利用当地丰富的原材料制作朱砂泥工艺品，然后借助当地旅游资源的优势卖给游客，销路很好。考虑到自己也有这样的手艺，他们打算创办一家小企业，制作类似的手工艺品。

做第 41 页的练习 4，考虑你是否具备成功企业主的基本特征。

四、增强你的创业能力

很多创业成功的人，初办企业时并不具备创业需要的所有素质、能力和物质条件，但素质可以培养、技术可以学习、能力可以提高、条件可以改善。因此，即使你发现自己现在还有很多弱点，你也不必灰心。你应当想办法克服自己的弱点，将其转变为优势。

黄亮和李燕的创业故事（二）：信心和措施

当黄亮把创业的打算告诉朋友后，有些人劝他要慎重，他们说，创办企业既要有才干和本钱，又要有丰富的市场资源，风险很大，一旦失败就可能倾家荡产，在厂里上班毕竟每月有固定的工资收入。但是，黄亮已经坚定自己的想法，他相信他们夫妻俩会成功，原因在于：

第一，近年来，随着经济的发展、人们生活水平的提高和消费观念的更新，旅游市场快速发展，来甘肃旅游的中外游客越来越多。他们旅游之余大都会在景点买些有地方特色的工艺品留作纪念，而在这些工艺品中，朱砂泥工艺品备受青睐。黄亮、李燕经过初步调研发现，目前做这类工艺品的厂家还不算多，现有的工艺品种类也不太丰富，制作工艺也比较粗糙。如果能开发出既能体现悠久的历史文化又具有现代工艺品元素的新品，这个市场还是有很大的发展潜力的。

第二，他们认为自己具备创办企业的基本素质。他俩都有事业心，能吃苦，做事认真、努力，爱学习，具备一定的组织能力。黄亮在厂里抓生产，有技术和管理经验。李燕当过售货员，对如何满足顾客的需求很有研究。

第三，他们计划先创办一家小规模的企业，待有条件时再考虑扩大规模，估计初期投资不会太大，家里的积蓄应该够用。

第四，制作朱砂泥工艺品的原料，以及所需工艺、工具、设备和场地等问题都比较简单，他俩有能力解决。黄亮与土坯打了近20年交道，做朱砂泥工艺品和他们平时做陶瓷制品有很多相似之处，只要花些时间去学习，掌握制作技术应该比较容易。在开发新产品方面，他们打算请一位有经验的美术老师帮助他们提高美术素养，再邀请一位精通当地历史的老师为他们辅导历史知识，弥补不足。

第五，因为没有真正做过生意，他们尚不具备营销、资金管理等经营技能，并且知道这是自己的弱项。他们打算通过网络学习一些相关知识，听说政府还开办了创业培训课程，他们也准备去咨询一下报名的方式。此外，他们还可以向几位做生意的朋友取取经，尤其是即将毕业的女儿已经取得会计从业资格证，将来企业开办后会是一个好帮手。

看一看你刚做完的练习4中你的个人评价结果，分析一下，哪些技能和素质是你的弱项？考虑一下，你将怎样克服这些弱项？

- 如果你的技能是弱项，你就要考虑并决定怎样获得这些技能。你可以自己参加技能培训，也可以雇用技术工人或寻找一位有适当技术的合作伙伴。
- 如果你的企业管理能力是弱项，你可以通过阅读企业管理方面的书籍学习更多的知识，也可以参加相关主题的短期培训。
- 如果你的行业知识是弱项，你应该找一位有经验的合作伙伴，或在这个行业中找一位能提供咨询服务的人士来帮助你。

做第43页的练习5，增强你创业能力的计划。

五、评估你的财务状况

创办企业需要有足够的资金。你可以用自己的积蓄，还可以向亲友或银行借贷，或通过其他途径筹集资金来开办企业。

如果你用自己的积蓄创办企业，你不能把自己所有的钱都投进去。因为，如果你的家庭没有其他收入来源，所有的生活开支就都要从你的积蓄中支付，直到能靠企业赢利来支撑你的家庭生活为止。一般情况下，一家新企业至少要运转3个月以上，才可能产生足够的利润来支付你及家庭的日常开支。

无论是用自己的积蓄去创办企业，还是通过银行贷款或者其他途径筹集资金来创办企业，你都要评估一下自己的财务状况。

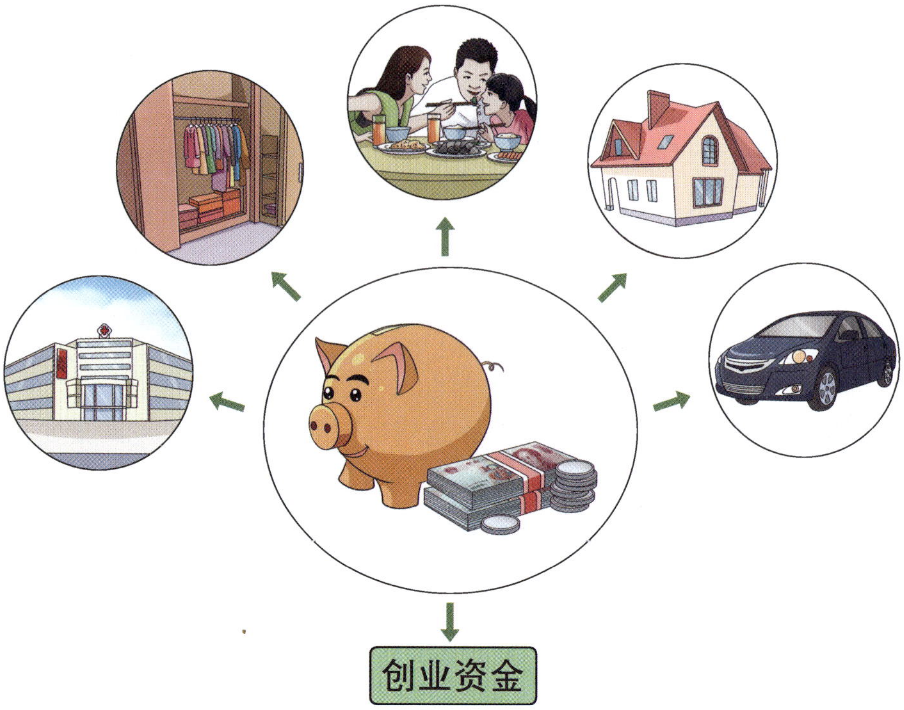

黄亮和李燕的创业故事(三)：创办企业的资金从哪里来

黄亮和李燕决定用自己的积蓄开办一家生产朱砂泥工艺品的小企业。他们打算用2个月的时间做准备。这期间黄亮继续在陶器厂工作，多少还能领到点工资补贴生活。黄亮和李燕有一些活期存款。他们预计在3个月之后旅游旺季到来时就能够用企业赢利来支付日常开支了。他们算了笔账，看有多少钱可以用来创办企业：

项目	金额（元）
收入	
1. 黄亮和李燕2个月的工资	8 000
2. 银行活期存款	68 000
3. 其他	0
收入合计（A）	76 000
支出（以后3个月）	
1. 日常生活开支（衣食住行和医疗费用）	6 600
2. 给老人的赡养费和医疗费用	1 800
3. 其他	600
支出合计（B）	9 000
剩余资金（A−B）	67 000

黄亮和李燕考虑他们起码要留 20 000 元存款保底，以备急用，所以实际可用来创办企业的资金是 47 000 元，他们估计这笔钱应该够了。

创业小贴士

理性的创业者要有强烈的风险防范意识，在评估你的财务状况后，不论你有多少剩余资金，都应该留有足够的风险防范资金，以防万一。

做第 44 页的练习 6，学习如何估算可用于创业的资金。

你应该准备一份财务状况收支表，列出从现在起到新企业赢利能够支撑你的日常开支的这段时间里你的开支主要有哪些，每项开支大约多少钱，一共需要多少钱，用你可以支配的资金总额扣除日常开支（建议至少按 3 个月计算），所得到的那部分资金就是你可以用来创业的资金。

做第 45 页的练习 7，根据实际情况估算你可用于创业的资金。

小结

在选择创业前，你必须了解什么是企业，同时分析并评价自己是否具备成功创业者应具备的素质、能力和物质条件。因为，不是所有的人都适合创业，也许你可以选择适合你自己的职业方向。

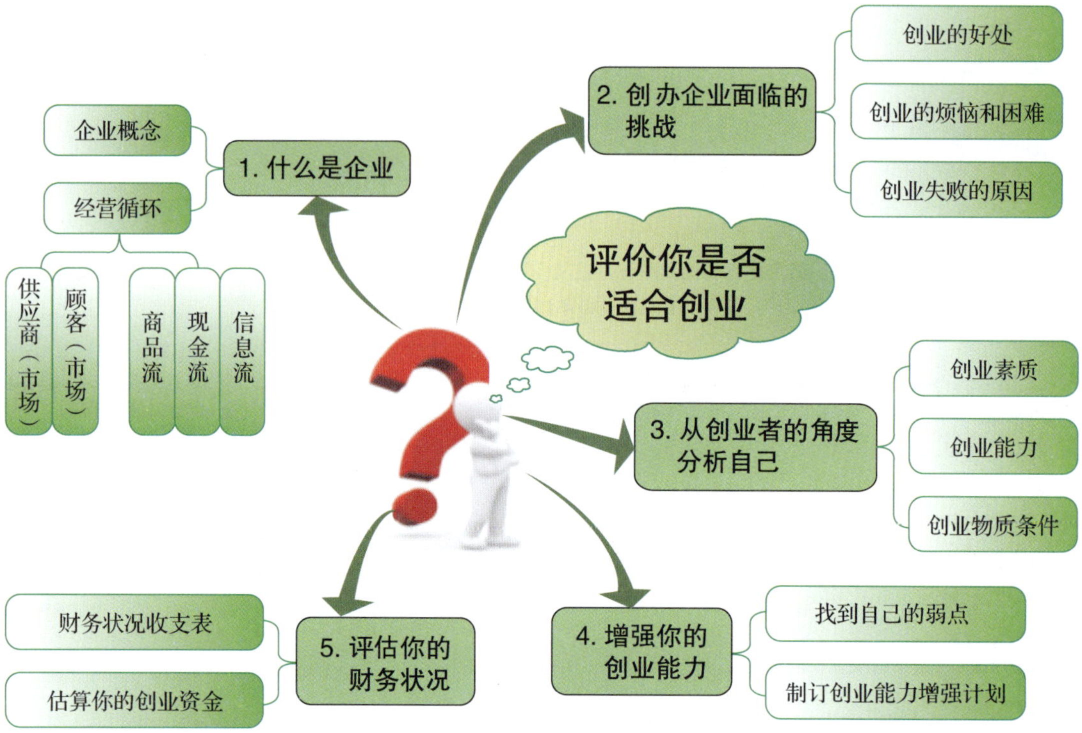
评价你是否适合创业
1. 什么是企业
企业概念
经营循环
供应商（市场）
顾客（市场）
商品流
现金流
信息流
2. 创办企业面临的挑战
创业的好处
创业的烦恼和困难
创业失败的原因
3. 从创业者的角度分析自己
创业素质
创业能力
创业物质条件
4. 增强你的创业能力
找到自己的弱点
制订创业能力增强计划
5. 评估你的财务状况
财务状况收支表
估算你的创业资金

第二步　建立一个好的企业构思

学习第一步之后，你应该对自己是否适合创办企业有了明确的认识，也应十分清楚创办企业是不是你真正想要做的事。如果你确实认为自己适合创办企业，也真正想创办企业，那么你就要考虑自己打算创办一家什么样的企业，也就是你要为自己建立一个好的企业构思。

一家成功的企业始于正确的理念和好的构思。合理而周密的企业构思可以避免日后的失望和损失。如果你的构思不合理，无论你投入多少时间和金钱，企业注定是会失败的。

在这一步，你将学习怎样选择你的企业类型以及如何建立一个好的企业构思，在你产生很多企业构思后，我们还会教你怎样去分析你的企业构思。

一、企业类型

当你决定要创办企业时，你会发现选择一个合适的项目或一个行业十分困难。因为可以进入的行业太多，你无从下手。

其实，企业有很多种类型，企业的分类方式也有很多种，可以按产业分类，可以按企业所属行业分类，可以按企业规模分类，也可以按企业生产经营特征分类。如果按生产经营特征分类，企业可以分为以下四种类型：

➤ 贸易企业——从事商品的买卖活动，它们从制造商或批发商处购买商品，再把商品卖给顾客和其他企业。所有把商品卖给最终消费者的企业都是零售商，而批发商则是从制造商处购买商品，然后再卖给零售商。例如，蔬菜、水果、文具、日用品等的批发中心都是批发商。

➢ **制造企业**——使用原材料生产制作实物产品的企业。如果你利用皮革、布料、木材、水果等原料开设制鞋厂、服装厂、家具厂、果品加工厂等，那么你拥有的就是一家制造企业。

➢ **服务企业**——提供某项特定服务或多项服务活动的企业，如货运服务、理发服务、旅游服务、家政服务、餐饮服务等。

➢ **农、林、牧、渔企业**——利用土地或水域资源进行生产的企业。这类企业可能是种植蔬菜和水果的企业，也可能是养殖家禽和水产的企业。

也许你觉得对于有些经营内容比较丰富的企业，上述分类并不适用。而实际上你要明确的是，一家企业的经营类型是由这家企业的主要经营内容来决定的。如果你准备创办一家汽车修理厂，那么你创办的就是服务企业，因为你所提供的是维修劳务服务，而这家汽车修理厂也可能同时出售润滑油、轮胎和汽车零配件，也就是说这家企业也兼做零售业务。

当对企业进行上述分类后，你可能会觉得自己适合创办某一类企业，你的思路会更加集中。当然，各类企业有不同的特点，对此你要认真分析，以便掌握成功经营这些企业的要素。

二、小微企业成功的要素

要想使企业成功，你必须对企业的每个方面进行分析，以求在每个方面你所提供的产品或服务都是最好的。不同类型的企业有不同的特点，你要考虑以下几个重要因素：

贸易企业

- ◆ 地段好
- ◆ 外观设计好
- ◆ 销售方法好
- ◆ 商品选择面宽
- ◆ 商品价格合理
- ◆ 库存可靠

制造企业

- ◆ 生产组织有效
- ◆ 工厂布局合理
- ◆ 原料供应充足
- ◆ 生产效率高
- ◆ 产品质量好
- ◆ 浪费现象少
- ◆ 保护环境

服务企业

- ◆ 服务及时
- ◆ 服务质量好
- ◆ 地点合适
- ◆ 顾客满意
- ◆ 对顾客诚信
- ◆ 服务收费合理
- ◆ 售后服务可靠

农、林、牧、渔企业

- ◆ 保护并有效利用土地和水源
- ◆ 出售新鲜产品
- ◆ 做好卫生防疫工作
- ◆ 保证品种优良
- ◆ 高效运输产品

在了解企业的四种类型后，你觉得自己适合创办哪一种类型的企业呢？你需要针对不同类型企业的特点，结合自身的喜好、特长和资源进行分析。

➢ 贸易企业——你要善于与人沟通，掌握灵活的销售技巧，以及有效采购、合理库存和记账等管理技能。

➢ 制造企业——你要具有较丰富的相关行业经验，而且要有一定的创新和研发新产品的能力，有较强的生产管理经验和技术。

➢ 服务企业——你要性格开朗，有耐心，讲诚信，能与各种人打交道，能够妥善处理各种纠纷、矛盾等棘手问题。

➢ 农、林、牧、渔企业——你的身体要健康，要掌握较强的专业技术，能很好地与当地政府、居民、科研机构打交道。

所有企业都应该做到：真诚服务顾客，真诚关爱员工。

记住

小微企业的创办原则是：志向要大，计算要精，起步要稳。

计划创办一家新企业时，你要遵守小微企业的创办原则，但是也别忘了在第一步里提到的问题：你可以用多少钱来创办你的企业。银行一般不会给新企业贷款，除非你有存款，或有银行愿意接受的担保品或抵押品。

如果你没有多少钱，却打算开两家商店、雇十名员工、买一辆车，这显然是不切实际的，也是不明智的。创业初期，要从小做起、实事求是、量力而行，你要注意以下几个方面：

- 你可以不放弃原来的工作，利用业余时间创办自己的企业，直到企业运转稳定为止。
- 你的配偶可以继续从事原有的工作，以后再加入你的企业。
- 租赁设备比购置设备稳妥、合算。
- 需要人手时，可以先雇用非全时员工，再雇用全时员工。
- 先购买二手设备，以后再更新。
- 逐步拓展新的业务领域，避免因财务困难而陷入困境。
- 根据利润增长情况制订业务扩展计划。

黄亮和李燕的创业故事（四）：志向大　起步稳

黄亮和李燕创办企业是希望今后的日子能过得更好一些。由于他们待人热情、处事稳重，朋友们都尊重和信任他们，有人还表示愿意尽力帮助他们，或者与他们合作。

创办企业毕竟是黄亮、李燕生活中一个非常重要的转折点，因此，他们很认真地分析比较了几个方案，希望尽量降低创业风险。在起步阶段，他们不想借钱，也不想与别人合作，他们只想量力而行，从小做起，逐步发展。黄亮的陶瓷技艺和李燕的销售经验是很好的组合。黄亮负责产品设计、组织生产和质量控制，开始时多设计几种小工艺品样式，小批量试销。李燕负责原料采购和产品销售，同时还可以兼顾家务。孩子也可以帮他们干些杂活。这样，他们一家人就可以干起来，先不雇人。由于李燕无法分身摆摊零售，所以他们打算把产品批发给旅游点的商店和摊贩。他们预计，投产3个月后企业的收入将足够支付家庭开支，而且还有盈余可用于扩大生产规模。到那时，黄亮可以辞去工作，夫妻俩全身心地投入企业经营。待生产规模扩大到一定程度时，再雇几个工人，添置些工具设备，多开发些品种，扩大产量，卖给本地和外地的工艺品批发商。不仅如此，黄亮还设想随着企业的发展和自己文化素养的提高，凭着自己多年的技艺功底，将来或许可以制造高端、个性化、定制化的纯手工工艺品。

稳妥起见，他们专门向创业培训老师和工艺品行业的一些前辈咨询朱砂泥工艺品制作的市场前景，由于旅游工艺品行业竞争激烈，专家建议他们谨慎思考，不要急于确定制作朱砂泥工艺品这一企业构思，想一想是否有其他可能的企业构思。

总之，一开始建立的企业构思并不一定是最合适的企业构思，聪明的创业者应该通过更多的方法挖掘出新的企业构思供自己选择。

三、挖掘好的企业构思

一个好的企业构思必须包含两个方面：

- 必须以顾客需求为出发点。
- 必须具备满足顾客需求的个人条件。

你应当沿着这两条途径同时开发企业构思。如果你只从自己的技能和资源出发，却不知道是否有顾客，企业就可能会失败。同样，如果你只从顾客需求出发，而没有相应的技能和资源来满足顾客需求，企业也不会成功。也就是说，只有既能满足顾客需求又属于你所擅长的领域的企业构思才是可行的。

从顾客需求出发

- 人们需要某种价位和质量的服装，因此，我可以开一家服装加工企业来满足他们的需求。
- 很多家庭需要买生日蛋糕，因此，我可以开一家生日蛋糕店来满足他们的需求。
- 我居住的镇上很多企业找不到可以修理计算机的地方，因此，我将开一家计算机修理行。

从个人条件出发

- 我会制作服装，而且可以买到一些缝纫设备，因此，我要开一家服装加工企业。
- 我在别人开的生日蛋糕店做过生日蛋糕，也有烤制设备，因此，我可以开一家生日蛋糕店。
- 我从小爱好计算机，也会修理计算机，因此，我想开一家计算机修理行。

从顾客需求和个人条件出发

- 人们需要某种价位和质量的服装；我有制作服装的技术，也可以买到缝纫设备。因此，我可以开一家服装加工企业来满足他们的需求。
- 很多家庭需要买生日蛋糕，我会做这种蛋糕，同时也有烤制设备。因此，我要开一家生日蛋糕店来满足他们的需求。
- 我居住的镇上很多企业找不到可以修理计算机的地方，我知道怎样修理计算机。因此，我准备开一家计算机修理行。

做第 46 页的练习 8，你将理解一个好的企业构思有多么重要。

或许你已经有了一个企业构思，这表明你已经投入到企业的创办之中。但是，你应该注意，不要过于坚持你的第一个企业构思。机会有很多，你可以通过更多的方法来挖掘企业构思。在挖掘企业构思时，尽量拓宽你的思路。你的第一个目标是构思越多越好，然后把你能够想到的所有企业构思列出清单以供选择。

你可以通过以下方法来挖掘你的企业构思：

- 头脑风暴法。
- 调查你准备创业地区的企业情况。
- 调查你准备创业地区的环境。

- 利用各种问题。
- 利用互联网。

当你应用这些方法时，你可以从家人那里获得支持和帮助，还可以请你的朋友帮忙。

1. 头脑风暴法

头脑风暴法是一种极为有效的开启创新思维的方法。它是指一个人（或小组）围绕一种特定的兴趣或产品进行创新或改善，产生新点子，提出新办法。常用的头脑风暴法有一般头脑风暴法和结构性头脑风暴法。

➤ 一般头脑风暴法——最初，你可以从一个词语或一个题目开始，将浮现在你脑海中的所有想法写下来。你可以一直写下去，能写多少就写多少，即使某些想法乍看上去似乎毫不相干或者不切实际。一个好的企业构思往往源于异想天开。

与别人一起使用头脑风暴法的效果最好，当然你也可以试着自己一个人做。很多大企业会利用这种方法激发有关新产品的想法。

例如，小兰和三个朋友一起用头脑风暴法寻找企业构思，他们从“旅游”这个词开始，起初有关“旅游”的企业构思产生得很慢，但很快他们就发现了许多可能性，如汽车、导游、拍照、工艺品、地图、住宿、美食、农家乐等。

做第 47 页的练习 9，利用一般头脑风暴法建立你的企业构思。

➢ 结构性头脑风暴法——从一种特定的产品开始，然后从制造线、销售线、服务线和副产品线四个方面想出尽可能多的相关企业。

制造线：与该产品制造相关的企业。

销售线：与该产品销售相关的企业。

服务线：与该产品服务相关的企业。

副产品线：与该产品的副产品间接相关的企业。

这种方法可以用下图来说明。

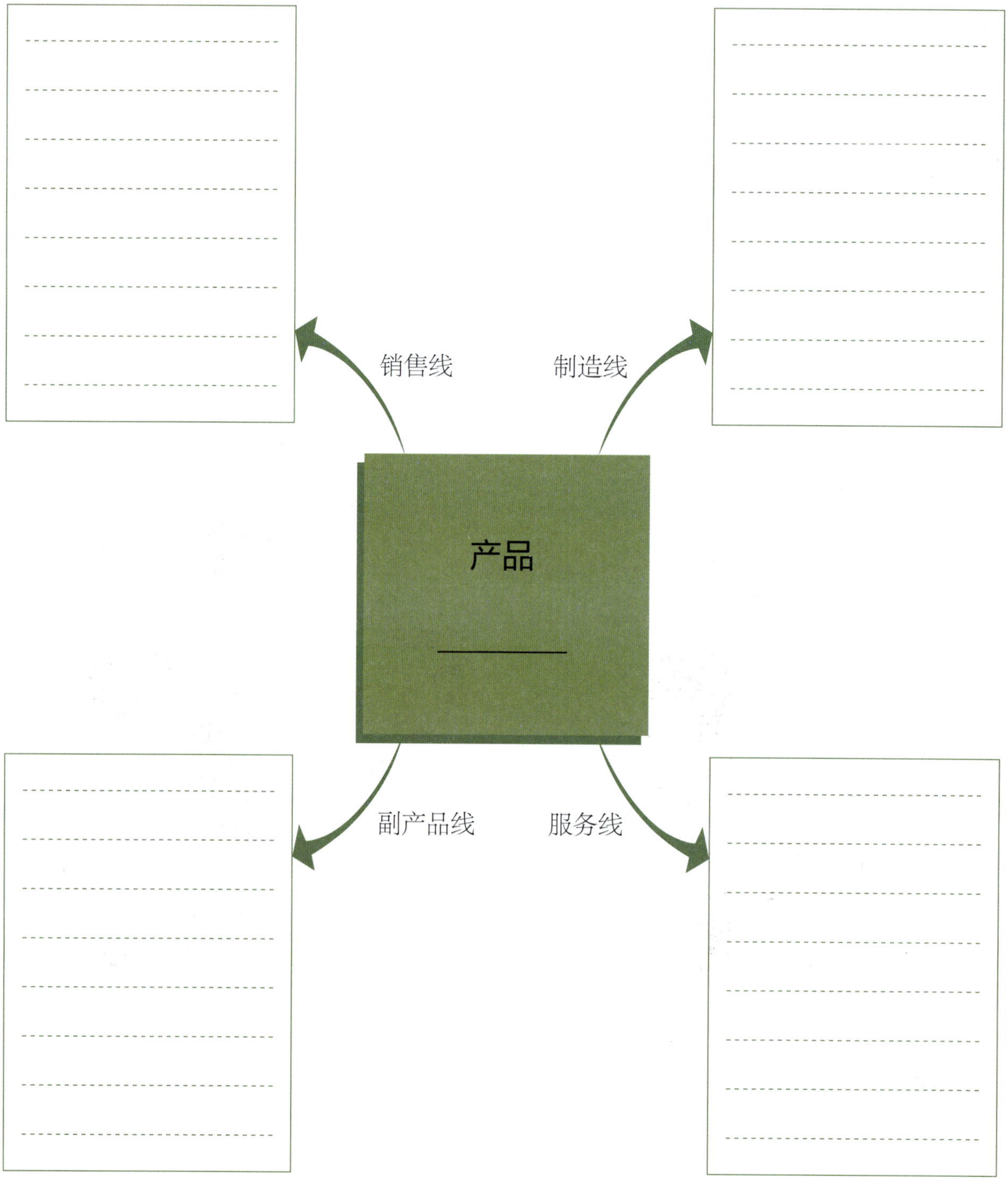

通过下面纯棉 T 恤衫的例子，你会对结构性头脑风暴法的内容有更深入的理解。

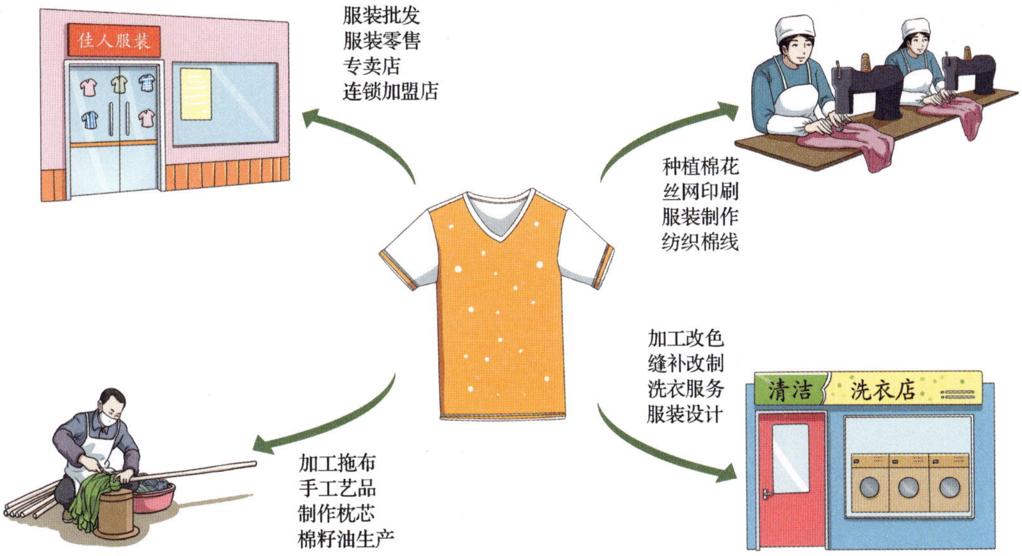

你可以一直想下去，直到不再有任何新的构思为止。同样，不论你想起什么都应该将其写下来，以后再确定这个构思是否可行。

做第 48 页的练习 10，利用结构性头脑风暴法产生你的企业构思。

2. 调查你准备创业地区的企业情况

另一种挖掘企业构思的好方法是调查你准备创业地区的企业情况，到那里去看看，了解这个地区有哪些类型的企业，看看你在市场中能否找到生存空间。

与朋友一起进行这项活动会更轻松。如果你准备创业的地方在一个社区里，你可以走遍整个社区；如果你准备创业的地方在大城市里，你可以走访这个城市的工业区、农贸市场和商业区等。

黄亮和李燕的创业故事(五)：调查准备创业地区的企业情况

黄亮和李燕思前想后，觉得不能急于确定开办朱砂泥工艺品生产企业的构思，他们决定先去附近的旅游景区转一转，看看有什么启发，能否发现市场空白。在旅游景区，他们进行了一番深入细致的调查，制作了一份准备创业地区现有企业一览表。

我准备创业地区现有企业一览表

贸易企业	制造企业	服务企业	农、林、牧、渔企业
● 18 家销售各类饮料的企业 ● 86 家销售旅游工艺品的企业 ● 5 家销售当地土特产的企业	● 2 家牛肉干加工厂 ● 2 家面包加工厂 ● 5 家朱砂泥工艺品加工厂	● 19 家宾馆（招待所） ● 5 家旅游公司 ● 6 家照相摊点 ● 10 家特色饭店 ● 5 家快餐店	无

根据调查结果，黄亮和李燕对这个旅游景区市场做出了以下评价：

- 一般来说，来景区旅游的消费者喜欢买物美价廉的工艺品和土特产。
- 随着社会经济的发展和人们生活水平的提高，来景区旅游的游客越来越多。
- 来景区旅游的游客中，绝大部分是外地游客。
- 销售工艺品的企业非常多，市场竞争激烈。
- 贸易企业最多，这些贸易企业经销的产品货源大多在外地。

然后，黄亮和李燕列出了这个市场中还没有的企业一览表，而这些可能就是很好的创业机会。

我准备创业地区潜在企业一览表

贸易企业	制造企业	服务企业	农、林、牧、渔企业
● 销售与景点历史和人文有关书籍的书店 ● 销售服装鞋帽的服装店	● 奶酪加工企业 ● 朱砂泥工艺品生产企业	● 手机、相机维修店 ● 美容店	无

发现这些可能的创业机会后，他们很兴奋。他们从中选出了认为自己能做，并且有顾客需求的几家企业：

- 销售与景点历史和人文有关书籍的书店。
- 手机、相机维修店。

做第 49 页的练习 11，通过了解、分析你准备创业地区现有企业情况，建立你的企业构思。

3. 调查你准备创业地区的环境

你需要发挥自己的创造力，在你想要创业的地区发现更多需求，从而产生更多的企业构思。再看一看当地现有企业一览表，如果表中的企业已经涉及大部分当地市场，你可以从中看出当地经济的发展依赖于哪些行业。

分析你准备创业地区的所有资源和机构，这有益于你获得好的企业构思。例如，你可以考虑去调查你准备创业地区的自然资源、机构、工业、媒体、商品展销会等。

➢ **自然资源**——你可以调查你准备创业地区具有哪些丰富的自然资源，分析这些自然资源可以用来制作哪些有用的产品，而制成产品的过程又不会破坏环境。这里所说的自然资源主要包括土地、农业、森林、矿产、沙漠、水产品和各种特产。例如，你可以考虑创办一家具有浓郁地方特色的美食店或小吃店。

➢ **机构**——你准备创业的地区有没有学校、医院或政府机构？你认为哪些企业能够服务于这些机构？这些机构可能有诸如维修、清洁之类的需求，它们也许还需要文具、家具、清洁用品、食品或纸张等物资。一家机构可能就是一个大客户，你可以调研一下它们从哪里购买产品和服务，以及它们对现有产品和服务是否有不满意的地方。

➢ 工业——你准备创业的地区有哪些规模较大的企业？这些企业需要什么样的服务？它们同样会购买一些服务和物资。它们可能愿意将它们的部分业务委托给其他企业去做，你可能有机会获得这些业务。例如，一家机电制造公司或许会将一些外文资料或文件的翻译工作委托出去。你可以与在这些企业工作的人谈一谈。

➢ 媒体——你可以到当地图书馆的期刊阅览室查看产品目录、商业期刊等，从中发现一些有用的信息，从而建立你的企业构思。例如，你也许会找到一些当地没有出售的产品的照片，这些照片可以给你一些启发；很多报纸中通常会介绍当地企业或产品情况，你也可以从中找到灵感。此外，分类广告、一些有关发展趋势和其他地区不同企业的文章同样会帮助你建立企业构思。

➤ 商品展销会——当地一些机构举办商品展销会，你要尽可能参加这些商品展销会，这些商品展销会上的信息能够帮助你产生企业构思。

做第 51 页的练习 12，通过对你准备创业地区环境的调查，建立你的企业构思。

4．利用各种问题

一家企业以提供产品或服务来满足顾客的需求，并以解决人们工作、生活中遇到的各种问题来求得自己的生存与发展。在思考创办什么样的企业时，你应该去体会人们在满足自己需求或解决各自问题过程中遇到的难处。你可以从以下几个方面展开你的思路：

➤ 你自己遇到过的问题——想一想，你在当地买东西和接受服务时碰到过什么问题。

➤ 工作中遇到过的问题——你在为一家机构工作时，也许会注意到，某种服务不好或材料不足会直接影响你能否完成工作任务。

➤ 其他人遇到过的问题——通过倾听其他人的抱怨，了解他们的需求和遇到的问题。

➤ 你准备创业的地区缺少什么——在你准备创业的地区进行调研，看看人们需要什么产品，当地缺少哪些服务。

要知道：

- 如果人们无法获得所需要的产品或服务，对于创业者来说，这显然是一个填补空白的商业机会。
- 如果现有企业提供的服务很差，对于新企业来说，这是一个提供更佳服务的竞争机会。
- 物价上涨很快，致使人们连日用品的价格都难以接受，这种情况下也是存在机遇的。你可以寻找更便宜的货源，或者是不那么贵的替代品，或者是成本更低、效率更高的分销系统。

黄亮和李燕的创业故事（六）：问题就是商机

黄亮和李燕觉得倾听顾客的抱怨也是一种不错的挖掘企业构思的方法，于是两个人开始分别走访市场。几天后，两个人又在一起讨论。

黄亮说，有一天他在陶瓷厂上班时，听见一位在旅游景点销售陶瓷工艺品的老板对厂长抱怨，在本地买不到美观、便宜、有当地特色的朱砂泥手工艺品。这句话更加坚定了黄亮的创业想法。这说明目前当地的很多陶瓷厂还不能及时根据市场需求生产朱砂泥工艺品，因此，开办朱砂泥工艺品生产企业的想法应该是有前途的。

李燕也说到，她前天路过附近一所小学门口，正在等待孩子放学的家长们在一起抱怨，每天中午和下午接送孩子严重影响家长的正常工作，附近没有可以为孩子提供营养午餐、午休和下午自习场所的托管中心。李燕觉得开办一家托管中心可能也是个不错的想法。

他们的女儿在家吃晚饭时，说到她外地的同学在附近的旅游景点旅游时，找不到卖景点明信片和相关书籍的地方，她的同学只能带着遗憾回去了。他们的女儿认为在旅游景点开一家销售明信片和书籍的商店也不错。

看来利用别人的问题也可以找到一些好的企业构思，黄亮和李燕一家决定再出去走走，看看能否产生更多的企业构思。

做第 52 页的练习 13，利用各种问题挖掘并记录你的企业构思。

5. 利用互联网

随着科学技术的不断发展，你会发现互联网已经和我们每个人联系得越来越紧密。互联网提供了各种关于企业和顾客的信息，这些信息为你建立企业构思提供了一个非常好的平台。下面介绍几种利用互联网收集相关信息、建立企业构思的方法。

- 你可以到一些 B2B（Business-to-Business，企业对企业）网站上看一看，这些网站上往往会有很多企业对各种产品或服务的求购信息，这些求购信息可以帮助你发现市场需求。
- 你也可以利用 B2C（Business-to-Customer，企业对顾客）网站，这些网站上有数量众多的商家提供很多新奇的产品，如果你发现有些产品在你准备创业的地区是买不到的，而且很多人对这些产品非常感兴趣，这也许可以给你提供一个企业构思。
- 你也可以利用各类网络即时通信软件和交流平台。在这些软件和平台里，有数量极其庞大的人群每天都在发布和传递各种需求和供应方面的资讯，这些资讯也许可以帮助你建立一些企业构思。互联网不仅可以帮助你发现很多企业构思，也可以为你的企业提供创业场所和销售渠道。不过，你还要记住利用互联网创业同样有风险。
- 你也可以将互联网这一平台与上面讲到的其他挖掘企业构思的方法结合起来使用。例如，你准备利用自己的烹饪技能创办一家小餐馆，但是不知道到底创办一家什么样的餐馆比较好，你就可以利用互联网了解一下近期人们对餐饮的偏好，同时也可以了解一些开办餐馆的相关信息。

做第 53 页的练习 14，利用互联网挖掘并记录你的企业构思。

四、筛选你的企业构思

回顾一下到目前为止你做过的所有练习，选出适合你的企业构思并把这些构思写下来，这样就为你计划创办的企业准备了一张企业构思一览表。做好分析筛选前的整理工作，这是非常重要的。

做第 54 页的练习 15，整理出你的企业构思一览表。

到目前为止，你已经有了 10 个甚至超过 20 个可能的企业构思。下一步的任务是努力将这张一览表中的构思减少到 3 ~ 6 个，只留下你认为最适合你的那几个企业构思。

你要认真思考每一个企业构思，并从企业构思一览表中筛选出最适合你的企业构思。企业构思一览表中列出的企业可能还有很多方面是你所不了解的，你可以从以下四个方面着手，做出准确的选择。

看看你的一览表，针对每一个企业构思回答以下问题：

（1）顾客

- 谁将是这家企业的顾客？
- 顾客的数量足够多吗？
- 顾客有能力购买这种产品或服务吗？
- 顾客愿意到你的企业购买产品或服务吗？

（2）竞争对手

- 你要创办的企业是你准备创业地区同类企业中唯一的一家吗？
- 如果有其他类似企业，你如何才能在与它们的竞争中获得成功？

（3）资源和需求

- 你如何保证提供的产品和服务质量能够满足顾客需求？
- 你从哪里获得资源来创办这家企业？

- 你从哪里得到创办这家企业的建议和信息？
- 企业需要设备、厂房或合格的员工吗？
- 你能够筹集到满足这些要求所需要的资金吗？

（4）你的技能、知识和经验

- 你对这家企业的产品或服务了解多少？
- 你有哪些技能、知识和经验能够帮助你经营这家企业？
- 为什么你认为这家企业会赢利？
- 你的个性和能力如何才能适应这家企业的经营？

黄亮和李燕的创业故事（七）：筛选合适的企业构思

黄亮和李燕在准备创业的地区做了大量调查和分析，结合他们自己的能力、专长和资源，罗列出20个企业构思。经过反复思考和讨论，他们放弃了其中一些构思，最终筛选出5个感兴趣的构思。对于这5个构思，他们又在对优劣势分析的基础上进行了筛选，具体过程如下：

我的企业构思一览表

企业构思	优势	劣势	筛选
在景区创办书店	● 在景区，很多游客想加深对景区的了解，希望购买到与景点历史和人文有关的书籍和明信片 ● 创办这种企业不需要很多钱 ● 入行门槛较低		√
创办手机、相机维修点	● 在景区，几乎每个游客都会使用手机或相机拍照留念，一旦手机或相机损坏，游客必然急于维修，而在景区没有这种企业	● 创办这种企业对维修人员专业技术要求非常高	×
创办小学生托管中心	● 黄亮和李燕对培养孩子有一定的经验，他们的孩子在他们的悉心培养下，从小学习成绩好，身体健康。现在许多家长工作忙，无法在中午和下午放学时间准时接送孩子并照顾孩子的学习、休息和用餐 ● 家长对孩子的成长很舍得投入，愿意为此付费		√

续表

企业构思	优势	劣势	筛选
创办当地土特产网店	● 当地有很多土特产，这些土特产极具当地特色，外地游客都很喜欢这类特色产品 ● 现在随着计算机网络的普及，利用网络购物已经成为一种时尚	● 创办这种企业对进货渠道和网络技术应用能力要求都很高	×
创办朱砂泥工艺品生产企业	● 随着当地旅游业的发展，旅游景区的游客和工艺品经销商对美观、便宜、有当地特色的朱砂泥工艺品的需求量非常大 ● 本地专门制作这类产品的企业不多 ● 黄亮制作朱砂泥工艺品的技术水平很高，能够满足市场需求		√

黄亮和李燕对勾选出的企业构思又反复思考了一番，选择了其中 3 个构思做进一步分析：

- 在景区创办书店。
- 创办小学生托管中心。
- 创办朱砂泥工艺品生产企业。

做第 55 页的练习 16，筛选你的企业构思。

五、分析你的企业构思

现在，你已经将你认为最适合的企业构思减少到了 3 个。你还需要收集关于这些构思的更多信息。你的目的是分析影响你接受或放弃一个企业构思的各种因素。以下是你分析企业构思的 3 种方法。

- 实地调研。
- SWOT 分析。
- 环境影响评估。

1. 实地调研

通过与顾客、供应商和企业界人士交谈，你能够收集到一些十分有用的信息，来了解那些影响你的企业构思的因素。你可以安排非正式的讨论并进行观察，或者安排正式的访问和会谈。访问比较费时间，但通过实地调研，你已经可以像一名成功的企业人士那样开始行动了，并且你在调研过程中交往过的一些人对你创办企业也是很有用的。以下表格可以帮助你做实地调研。

调研对象	调研内容（问题）	注意事项	准备工作
顾客	● 你在哪里购买过这种产品或服务? ● 你为什么从那里购买? ● 你多长时间买一次? 什么价格? 服务质量如何? ● 你觉得有什么需要改进的地方吗?（样式、包装等） （如果是新上市的产品或服务，可以询问顾客更看重哪些因素，如样式、质量、包装、服务、地点、送货、价格等）	● 出示你的产品或服务的样本或展示图片可能很有用 ● 最好问一些能引发人们认真思考的问题 ● 询问价格时，最好给出一些具体的价格，请顾客选出他们认为最合理的价格	● 用笔把调研对象说的话记录下来，如果他们介意你做笔记，就尽可能用大脑记住他们说过的内容，之后尽早把谈话内容整理出来 ● 调查前准备一张问题清单，但要注意尽可能保证调查的过程流畅，可以用一个话题引出另一个话题
竞争对手	● 你认为人们应多长时间购买一次这种产品或服务? 买多少? ● 有多少竞争对手已经在提供这种产品或服务? ● 人们对这种产品或服务的需求数量是不变的还是在不断变化的? ● 你认为人们还需要什么产品或服务? 其未来趋势如何?	● 一般情况下，竞争对手不会轻易回答你的问题。你可以尝试到他们企业里进行消费或者观察 ● 你可以去另一个地方与你的间接竞争对手交谈 ● 实力雄厚的竞争对手对市场的了解往往更全面	
供应商和批发商	针对贸易企业和服务企业的供应商: ● 供应有保障吗? ● 容易拿到货吗? ● 能拿到什么质量、什么价格的货? ● 需要多大的库存量? ● 对产品的包装和维护有什么要求? 针对原材料批发商: ● 购买一定数量的原材料要付多少钱? ● 供应有保障吗? ● 还有谁供应这些原材料? ● 这些原材料在库存、运输或使用方面有哪些特殊要求?	● 专门销售相关产品的市场和批发市场的信息比较集中、全面 ● 针对规模大的和规模小的供应商和批发商都应该进行调研	● 不要问那些可以简单回答的问题，而要问开放式问题，即能够引导调研对象展开说明的问题。比如，什么、为什么、如何、谁、哪里、何时等

续表

调研对象	调研内容（问题）	注意事项	准备工作
其他关键信息提供者	● 你认为市场的需求量有多大？需求量的变化趋势是怎样的？ ● 你认为促使人们购买产品的最重要的因素是什么？ ● 你认为这个行业的发展趋势如何？ ● 人们对产品有哪些方面的需求？这些需求是不是要么根本无法实现，要么很难实现？ ● 你认为人们还需要什么？	● 其他关键信息提供者可能是大公司的经理或采购人员、机构的行政人员、你的主要客户、政府部门人员、非政府组织人员、行业专家等	● 不要担心问题多或频繁提问 ● 每次提问只问一个问题 ● 重复对方的回答，确保你正确理解了他们所说的内容

做第 56 页的练习 17，通过实地调研分析你的企业构思。

2. SWOT 分析

你在收集和整理完顾客、竞争对手、资源和需求以及你的技能、知识和经验等相关信息后，就可以对你的企业构思进行 SWOT 分析了。SWOT 分析可以帮助你集中考虑每个企业构思可能存在的问题和具备的潜在优势。你需要知道你的企业构思是否合适，是否经得起推敲，是否能使你的企业具有竞争力和赢利能力。

（1）什么是 SWOT 分析

SWOT 由 Strength（优势）、Weakness（劣势）、Opportunity（机会）、Threat（威胁）四个英文单词的第一个字母组合而成。SWOT 分析是用来分析评估企业自身的优势、劣势和外在的机会、威胁，从而将企业内部资源与外部环境有机结合起来的一种分析方法。进行 SWOT 分析时要仔细考虑，并写下自己企业的所有优势、劣势、机会、威胁。

S（Strengths）——优势	W（Weaknesses）——劣势

O（Opportunities）——机会	T（Threats）——威胁

优势和劣势是存在于企业内部的你可以改变的因素。

- 优势是指你创办企业的有利因素。例如，你计划销售比竞争对手质量更好的产品或服务，或是你的商店的位置非常有利，或是你的员工技术水平更高。
- 劣势是你创办企业不太擅长的方面。例如，你的产品或服务比竞争对手的贵，你没有足够的资金按自己的意愿开展促销活动，你无法像竞争对手那样提供综合性的系列服务等。

机会和威胁是存在于企业外部的你无法施加影响的因素。

- 机会是指周边存在的对你计划创办的企业有利的事情。例如，你想销售的产品越来越流行，附近没有类似企业，因为周边正在建设许多新的住宅小区，潜在顾客的数量将会上升等。
- 威胁是指周边存在的对你计划创办的企业不利的事情。例如，在这个地区有新的竞争对手进入，原材料价格上涨将导致你销售的产品或服务价格上涨，你不知道你销售的产品或服务还能流行多久等。

黄亮和李燕的创业故事（八）：SWOT 分析

黄亮和李燕分别对筛选出的 3 个企业构思进行了 SWOT 分析。下面是他们对创办朱砂泥工艺品生产企业的构思进行的 SWOT 分析（特别重要的影响因素加“*”）。

	优势	劣势
企业内部	黄亮和李燕身体健康，精力充沛。夫妻关系和睦，二人同心协力，想法比较一致，遇到问题好商量（*）	没办过企业，缺乏创业经验（*）
	二人都能吃苦，决心干一番事业	投入企业的资金较少，刚创办企业时人手较少，只有夫妻二人
	黄亮认为自己的制陶手艺比其他人强，还有组织能力，为人忠厚，待人诚恳，有威信。李燕热情开朗，做事勤快，有采购和销售的经验。他们的孩子已经长大，而且很懂事，不用他们操心（*）	因为人手少，黄亮和李燕计划把产品卖给经销商而不是直接卖给游客，这样一来，他们就不能及时得到市场需求反馈
	黄亮和李燕认识很多当地的工艺品经销商，非常了解他们的需求（*）	对当地历史知识了解较少，美术素养也略显不足
	黄亮和李燕计划创办的企业离旅游景区很近（*）	
	机会	**威胁**
企业外部	西北地区旅游业持续发展，会长期带动工艺品需求的增长（*）	最大的威胁来自同行的竞争。制作朱砂泥工艺品，投资少，容易上马，一旦市场成熟会很快出现许多类似的作坊。而且，由于生产工艺简单，他们销路好的产品别人也能很快模仿，尤其是资金充足的企业，可以用模具搞批量生产，成本会比他们还低。另外，外地产品也可能大量涌入（*）
	朱砂泥工艺品的生产和销售都处于起步阶段，还有很大的发展潜力（*）	随着旅游市场的发展，皮雕工艺品等旅游特色工艺品也越来越多地进入本地市场
	产品先面向本地和西北地区的旅游点，将来再扩大到国内其他地区的旅游点（*）	
	将来，他们还可以跳出旅游纪念品的市场范围，开辟朱砂泥制品的新市场	

优势比劣势多吗？是☑　　不是☐

优势的星号（*）比劣势的多吗？是☑　　不是☐

机会比威胁多吗？是☑　　不是□

机会的星号（*）比威胁的多吗？是☑　　不是□

黄亮和李燕将如何应对劣势和威胁？

- 向有创业经验的成功人士学习，参加一些创办和管理企业的培训。
- 提供与竞争对手的产品质量、款式、包装不同的产品。

黄亮和李燕在对 3 个企业构思进行 SWOT 分析后，决定继续为朱砂泥工艺品生产企业制订一份企业计划，因为创办朱砂泥工艺品生产企业的优势多于劣势，而且一些劣势很容易克服。与此同时，还存在不少机会，市场上对朱砂泥工艺品的需求将随着西部旅游开发的不断深入而逐步增加。

记住

如果对于某些劣势和威胁你的企业无法应对，就说明你的企业构思存在很大的风险，你要三思而后行。

做第 59 页的练习 18，为你选择的企业构思做 SWOT 分析。

（2）SWOT 分析的结果

在你做完 SWOT 分析后，你应该能够评估你的企业构思的可行性并做出决定：

- 坚持自己的企业构思并进行全面的可行性研究。
- 修改原来的企业构思。
- 完全放弃这个企业构思。

创业小贴士

SWOT 分析只是一种工具，最终的判断（决策）必须由你自己做出。

黄亮和李燕的创业故事（九）：抓住市场机会

经过一系列分析、调查和研究，黄亮和李燕决定创办一家既有市场前景又能充分发挥自己专长的朱砂泥工艺品生产企业。

随着国家经济的发展和人们生活水平的提高，西部旅游业正在迅速发展。用朱砂泥制造的工艺品古朴典雅，有浓郁的西北风情，很受游客欢迎。此外，有些城里人也喜欢用带有乡土气息的摆件装饰自己的居所和办公室。

黄亮和李燕知道，旅游纪念品的销售受旅游淡旺季的影响很大，但总的来说，旅游业发展前景广阔，他们做朱砂泥工艺品是有前途的。为了消除不利影响，他们计划采取以下几项措施：

- 以销定产，避免库存积压。
- 不局限于旅游纪念品市场，将来也做装饰品。
- 逐步扩大销售渠道，不仅供应旅游区的商店，还考虑把产品卖到大城市去。
- 多动脑筋多学习，不断推陈出新，做别人没有做过的产品。
- 以后靠产品的文化品位卖个好价钱，不和低档产品打价格战。

做第63页的练习19，确定你的企业构思。

3. 环境影响评估

所有企业都是我们生存环境中的一部分，企业的发展与环境息息相关。环境由物质（如水、空气和土壤）、生物（如植物和动物）以及社会（像你我一样的人）成分构成。

下页图表明了企业对环境产生的影响。企业生产要消耗原材料和从环境中获取的其他资源，将这些资源转变为产品的过程也会对环境产生影响，最后还要在环境中与顾客进行商品（产品或服务）交易。

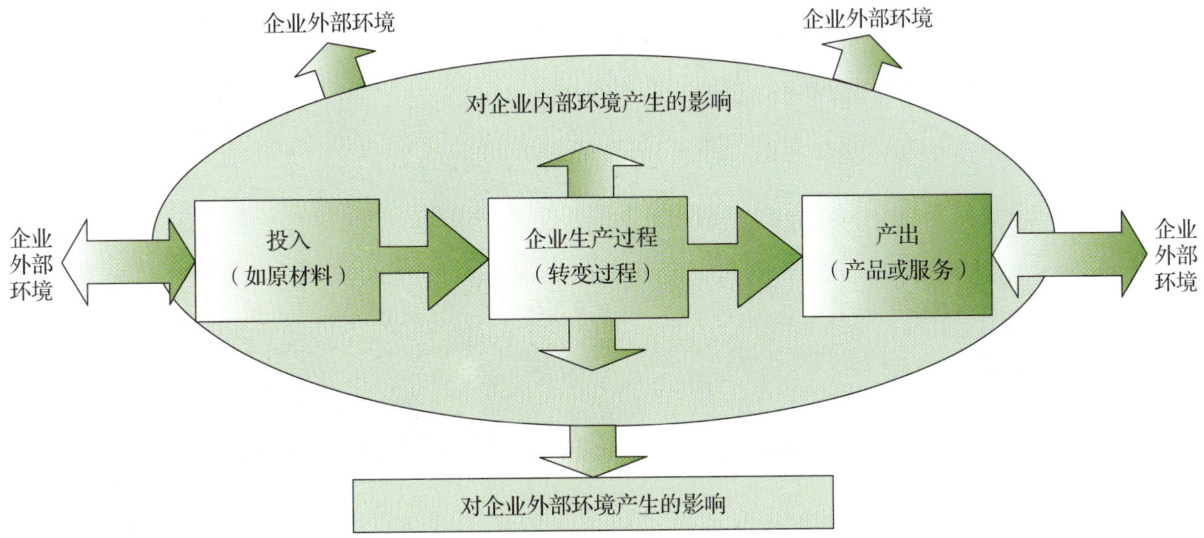

图中将企业内部环境和外部环境区分开来：

- 企业内部环境是指企业自身的生产经营环境。例如，企业员工是其内部环境的一部分，会受到生产过程中职业安全与卫生风险的影响。
- 企业外部环境是指与企业相关的所有其他物质、生物和社会成分。例如，企业的顾客属于企业外部环境中的社会成分，他们因为消费企业生产的商品（产品或服务）而向企业付钱。

一家企业对其环境的影响既可能是积极的，也可能是消极的。例如，一方面，企业对环境产生积极影响，因为它向人们提供了就业机会，增加了人们的收入；另一方面，企业也可能对环境产生消极影响，因为它可能会开采大量的非再生资源，或在生产过程中污染环境。

为了保证你计划创办的企业能够长期生存和可持续发展，你必须保证将企业对环境产生的负面影响降到最低程度。

如果你无视你的企业对环境产生的负面影响，你将会遇到很多问题。如果你的生产过程给你的员工带来职业健康和安全方面的隐患，他们可能会拒绝为你工作；如果你的企业不遵守环境保护方面的法律法规，政府有关部门可能会拒绝给你的企业注册；如果你的企业污染了当地环境，你的邻居和整个社区（其中有你的顾客）可能会联合起来抵制你。

环境影响评估帮助你确定企业可能会对环境产生的负面影响。对企业内部环境影响的评估方法涉及企业内部管理，你要使你的企业生产过程中的职业安全与卫生符合国家相关法律法规的要求；评估企业对外部环境的影响涉及范围较广，是一项非常重要的工作，你要保证你的企业排放于环境中的污染物质达到合格标准。你还要具体说明计划采取哪些措施将企业对环境产生的负面影响降到最低程度。

下面所建议的环境影响评估方法很简单，可以帮助你快速筛选出你的企业构思。

- 核对你计划创办的企业是否在国家环保部门交由当地环保部门审批的企业经营范围名单内。
- 具体说明你的企业可能造成的污染，如水污染、固体垃圾污染、空气污染、噪声污染等。
- 你是否有对企业污染采取的相关治理措施。
- 核准你的企业污染是否在国家规定的参数范围内。

在将你的企业构思转变为现实企业之前，你要收集信息并制订计划，看看你的企业是否会成功。就像一名工程师建造桥梁之前要画设计图一样，创业者也必须制订自己的创业计划。

创业计划是一份书面文件，它详细描述了你的企业的方方面面。准备一份创业计划将帮助你认真思考和评价你的企业构思中的劣势。更重要的是，创业计划使你有机会在将你的企业构思转变为现实之前在纸上进行测试。制订创业计划之后发现自己的构思并不完善，你就可以尽早采取措施加以改进，总比企业开办之后很快倒闭要好得多。

做第 64 页的练习 20，判断你是否已经做好创办企业的准备，并且决定你是否继续参加“创办你的企业（SYB）”培训班的学习。

小结

现在，你应该花更多的时间斟酌你的企业构思，而不是把时间花在开办企业的各种具体事务上。一个不好的企业构思会导致企业失败，而一个出色的企业构思则意味着企业的成功。

企业有很多种类型，大致可以分为贸易（零售、批发）企业，制造企业，服务企业，以及农、林、牧、渔企业。为了创业成功，你一定要确定你已经考虑到了所要创办企业的各个方面。

你计划创办企业时，不要盲目地想做大做强，而是先要考虑如何保证企业生存，这一点很重要。不要好高骛远，背上不必要的沉重债务。否则，一旦由于某种原因企业经营不景气，债务就会把你的企业拖垮。在企业有所发展时，你再计划扩展业务也不晚。如果你心气太高，在筹资方面就有可能遇到麻烦。

在将你的企业构思转变为现实企业之前，你要收集信息并制订计划，评估一下你的企业是否会成功。创业计划是一份详细描述企业各个方面的书面文件，它将帮助你认真思考并找出你的企业构思中的劣势。这是“创办你的企业（SYB）”培训课程中非常重要的内容。

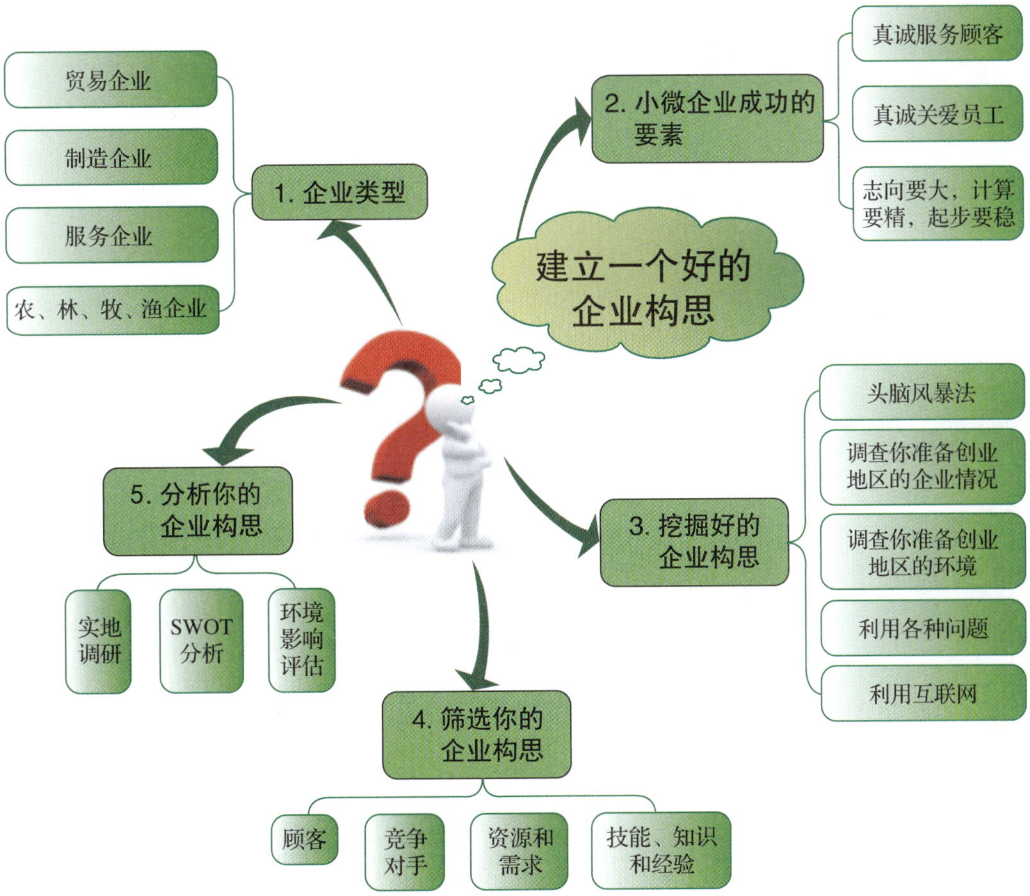

练　习

练习 1　李明的鸡场

李明一直想办一个鸡场，做批发鸡的生意，因为他居住的小镇周围有很多农户养鸡。

李明的母亲和他住在一起，非常支持他创办企业，而且还让李明用家里的房子作抵押向银行申请了贷款。

李明得到贷款后立即着手准备。他为企业购买了设备和原材料，在小镇附近租了鸡舍，买了计算机、现代化的制冷设备、新的厢式货车，还在货车车门上涂了鸡场的标志。李明告诉母亲，精良的设备能帮助企业树立良好的形象，也有助于吸引更多的顾客。

鸡场一开业，李明马上投入到了繁忙的工作中。鸡的需求量很大，他夜以继日地工作，顾客还把他的产品推荐给其他朋友。不幸的是，经营一段时间后，李明的资金出现了问题，到年底时，他可支配的资金严重不足，无法支付银行欠款。于是，银行中止了对李明的贷款，并要求李明偿还所有债务，李明不得不宣布鸡场破产。银行开始拍卖李明的资产用来偿还其债务，首先拍卖的是货车和设备等资产，但仍有大量的债务不能偿还。看样子，李明和他的母亲有可能失去家里用于抵押的房产。

问题：

1. 李明的鸡场为什么会倒闭？

2. 李明应当怎么做？

练习 2　谁能当企业主

小雪家住闽江上游的武夷山区。这里农活不忙，许多年轻人都进城打工去了。因为母亲病重，小雪不能出远门。她很想多挣点钱接济家用，给母亲治病，也给自己买些衣物等。

她原打算在村里办一家小旅店，可翻来覆去想过之后，她觉得自己的想法不现实：村里的人太保守，他们不会欢迎陌生人到村里住，而且村子离公路干线太远，即便能说服村里人，也很难吸引到游客。再说，如果天气总是阴雨连绵的，就是说服了游客在村里住下，他们也会感到很无聊。

邻村的小兰也打算在村里办家小旅店。她知道，她得先向村里人宣传自己的想法，得到乡亲们的理解和支持才行。她相信自己能办好旅店，也有把握使乡亲们相信办小旅店能赚钱，而且不会打扰村里人的生活。她帮区旅游局设计了一份宣传册，又搭车进县城，与一些旅行社和客运公司的人谈了自己的想法。令她兴奋的是，各方人士都赞同她的想法，他们认为很多游客喜欢住在村里，许多旅行社甚至已经在探讨如何为游客提供在武夷山的山村里留宿的服务。小兰很受鼓舞，回到村里后立即着手准备她的创业计划。

问题：

1. 小雪和小兰各自的长处和弱点是什么？

小雪的长处	小兰的长处
小雪的弱点	**小兰的弱点**

2. 谁将成为一名优秀的创业者？为什么？

练习 3　一位不成功企业主的行为

王大海想创办企业，成为一名企业主。他从国家机关离职后，在城里开了一家“西域烤肉”店。但他并不照看生意，整天东游西逛，与朋友喝酒、打麻将。店里的盥洗室不打扫，饭店也不对外供应快餐。

王大海待员工不好，还经常拖欠工资，也不能及时与供应商结账，不久这家店就倒闭了。

问题：

1. 企业倒闭，王大海的行为错在哪里？

2. 我们能从王大海身上吸取到什么教训？

练习 4　你具备成功企业主的基本特征吗

填写说明：

1. 要实事求是地填写表格。

2. 填写每一项个人素质、能力或物质条件时，请先阅读说明，然后再评价你在这方面是有长处还是有弱点。

3. 把你的企业构思讲给一位家庭成员或与你关系比较密切的朋友听，请他们对你进行评价，然后再把他们对你的评价填入表格中。

4. 数一数你有多少长处和多少弱点（先在□中画“√”，再统计数量）。

经营企业应具备的素质、能力或物质条件	自我评估		家庭成员或朋友的评估意见	
	长处	弱点	长处	弱点
承诺——要想创业成功，你要对你的企业有所承诺。也就是说，你要对你的企业负责任，不仅愿意用自己的钱冒创业的风险，全身心地投入，还要有坚持长期经营企业的打算。（你肯这样做，就是你的长处。）	□	□	□	□
动机——如果你真心想创办企业且想做一名成功的企业主，那么你创业成功的可能性就大得多。（你有这样的动机，便是你的长处。）	□	□	□	□
诚信——如果你做事不重信誉，对员工、供应商和顾客不诚信，那么将有损你的信誉，名声不好对你创办企业是不利的，它会对你的企业经营产生负面影响。（如果你不是如此，那么这是你的长处。）	□	□	□	□
健康——经营企业是一项十分艰难的工作，它要求创业者具备良好的身体素质。没有健康的身体，你将无法兑现自己对企业的承诺。（如果你身体健康，那么这是你的长处。）	□	□	□	□
风险——世上没有只赚不赔的生意，企业随时存在倒闭的风险。创办企业的人必须具有冒险精神，但又不能盲目地去冒险，必须敢于承担企业经营中出现的合理的、难以避免的风险。（如果你认为如此，那么这是你的长处。）	□	□	□	□

续表

经营企业应具备的素质、能力或物质条件	自我评估		家庭成员或朋友的评估意见	
	长处	弱点	长处	弱点
决策——在创办企业的过程中，你必须做出许多决策。当要做出对企业有重大影响的决策而又难以抉择时，你要有果断决策的魄力和勇气。（如果你能果断决策，那么这是你的长处。）	□	□	□	□
专项技能——这是你生产产品或提供服务所需要的实用技能。技能的类型将决定你可能选择的企业类型和企业构思。（如果你有技能，那么这是你的长处。）	□	□	□	□
企业经营能力——这是指经营企业所需要的综合能力。企业的市场营销固然重要，但企业生产（服务）、成本核算、记账、人员管理等其他经营企业的能力也必不可少。（如果你同时具备其中的两项能力，那么这是你的长处。）	□	□	□	□
相关行业知识——如果你对自己创办的企业及其所属行业有足够的认识和了解，拥有丰富的知识和经验，你就能避免很多失误。对企业经营特点的认知和信息的掌握是最重要的，如果你懂行，你就更容易成功。（如果你懂行，那么这是你的长处。）	□	□	□	□
家庭状况——创办和经营企业将占用你很多时间，因此，获得家庭的理解和支持尤为重要。如果你的家庭成员同意你的创业想法，支持你的创业计划，你就有了坚强的后盾。（如果你具备这个优势，那么这是你的长处。）	□	□	□	□
财务状况——创办和经营企业需要一定的经济投入，如果你有能力负担这样的投入且不影响你的生活，那么你的创业之路就会走得更加平稳。（如果你资金充足，那么这是你的长处。）	□	□	□	□
数一数你有多少长处和多少弱点，并将数量写在这里。	□	□	□	□
看看是你的长处多，还是弱点多？把两边的数据加在一起做个比较。如果是长处多，说明你具备创办企业的潜力，选择“是”；反之，选择“否”。但要注意比较哪些是关键性的要素。	是□		否□	

练习 5 增强你创业能力的计划

填写说明：

1. 要实事求是地填写表格。
2. 在左边一栏列出你认为自己在个人素质、能力和物质条件方面的弱点。
3. 在右边一栏说明你克服这些弱点的计划。

序号	弱点	计划
1		
2		
3		
4		
5		
6		
7		
8		

练习6　李军有多少钱创办企业

李军家住辽河北岸的一个镇上，计划创办一家塑料制品生产企业。他有4 500元现金、22 500元银行存款。他没有工作，这意味着在他的企业赢利之前，他没有别的收入来源。李军要负担自己和全家的生活开支每月最少需要2 500元，每月他还需要1 000元用于偿还个人债务。他计划在1个月之内开办企业，估计至少3个月之后，他才能靠企业赢利来支付日常开支。

1. 填写下表，计算李军有多少资金可以用来创办自己的企业。

项目	金额（元）
收入	
1. 现金	
2. 银行存款	
3. 其他	
收入合计（A）	
支出（以后3个月）	
1. 日常生活开支	
2. 偿还个人债务	
3. 其他	
支出合计（B）	
剩余资金（A–B）	

2. 你建议李军用多少钱创办企业？为什么？

练习 7　估算你可用于创业的资金

根据你的实际情况，填写下表。

项目	金额（元）
收入	
1. 现有资金	
2. 银行存款	
3.	
4.	
5.	
收入合计（A）	
支出（以后 ______ 个月）	
1. 日常生活开支	
2. 房租	
3. 偿还贷款	
4. 办公用品费用	
5. 交通费	
6. 电话费	
7. 水电费	
8.	
9.	
10.	
支出合计（B）	
剩余资金（A–B）	
你准备用多少钱创办创业?	

练习8 刘芳的食品杂货店

刘芳的一位邻居开了一家食品杂货店，生意一直非常好，刘芳看着眼热，也想开一家食品杂货店，自己当老板。于是，她把这一想法告诉了亲戚朋友和邻居。她家有一间房，适合开食品杂货店，她的丈夫帮她做了一些隔板和一个柜台。刘芳有些积蓄，加上从亲戚朋友那里借来的钱，足以用于进货。在申请到营业执照后，她的食品杂货店就开业了。

一开业，食品杂货店的经营就遇到了问题。来她店里的顾客远不及去邻居店里的多。而且，她的孩子告诉她，邻居的店铺现在经营情况也不怎么好。

问题：

1. 刘芳的食品杂货店为什么一开业就会遇到问题？

2. 在这种情况下，刘芳应该做些什么？

练习 9　一般头脑风暴法练习

1. 从任意一个词语开始，如旅游、吃饭等，记下浮现在你脑海中的所有想法，一直记下去，直到你没有想法为止。

2. 现在返回去，看一看你写下的这些有关企业构思的词语，想一想，其中哪些企业构思是自己可以去做的，用“*”将这些词语标记出来。

3. 即使你没有发现自己喜欢的企业构思，这项练习对于帮助你打开思路并用新的方法思考问题也是很有用的。现在挑选另一个词语，并在另一张纸上写下与该词语有关的所有产品。你越是经常使用头脑风暴法，就越能更好地掌握它的用法。

练习 10　结构性头脑风暴法练习

选择一种自己稍微了解的产品，既可以是你通过培训想到的产品、你接触过或有兴趣的产品，也可以是你已经考虑好的关于自己即将创办企业的一种产品，或是你与准备创业地区成功企业主交谈时了解到的一种产品。使用下面的图形，在中间的方框里写出你选择的产品，然后按销售线、制造线、服务线和副产品线，用结构性头脑风暴法建立你的企业构思。

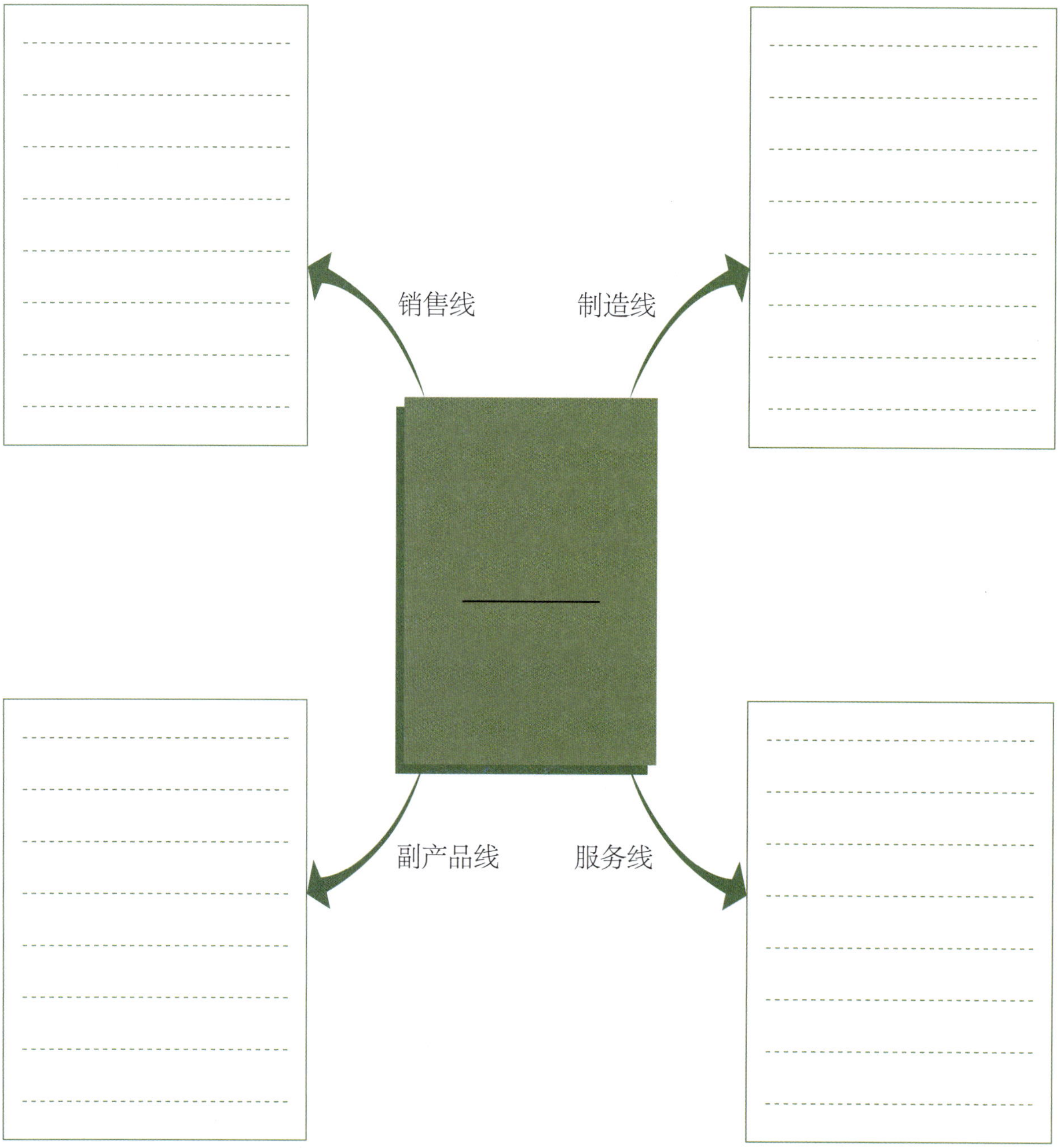

这项练习你做多少次都行，每次都可以从不同的产品开始，每次换一张新的画有上面图形的纸张来做。

练习 11　调查你准备创业地区的企业情况

针对你准备创业的地区，按照以下步骤收集、分析现有企业的信息，从而挖掘出潜在企业的信息。

1. 在你准备创业的地区走一走，用以下表格记录下不同类型的企业，统计每种类型的企业有多少家。例如，数一数报摊、杂货店、加油站、银行、房地产商、写字楼、复印店、餐厅、酒店等的数量。

我准备创业地区现有企业一览表

贸易企业	制造企业	服务企业	农、林、牧、渔企业

2. 研究这张现有企业一览表，尽力找出以下问题的答案：

- 哪些企业多？哪些企业少？为什么会出现这样的情况？

- 关于准备创业地区居民的消费方式和当地市场情况，你能够从现有企业一览表中获得怎样的信息？至少写出 5 个你对当地市场情况的评价。

3. 潜在企业还有发展的余地吗？你认为你还有创业机会吗？在以下表格中写出你准备创业地区的潜在企业。

我准备创业地区潜在企业一览表

贸易企业	制造企业	服务企业	农、林、牧、渔企业

4. 把潜在企业一览表放在一旁，第二天再来看看这张表。你可以请朋友或家人一起集思广益，分析一下你准备创业地区的居民还有哪些需求？这张一览表中还有哪些企业没有列出？

练习 12　调查你准备创业地区的环境

环境	企业构思
1. 自然资源 ------------ ------------ ------------	------------ ------------ ------------
2. 机构 ------------ ------------ ------------	------------ ------------ ------------
3. 工业 ------------ ------------ ------------	------------ ------------ ------------
4. 媒体 ------------ ------------ ------------	------------ ------------ ------------
5. 商品展销会 ------------ ------------ ------------	------------ ------------ ------------

练习 13　利用各种问题挖掘并记录你的企业构思

问题	企业构思
1. 你自己遇到过的问题	
2. 工作中遇到过的问题	
3. 其他人遇到过的问题	
4. 你准备创业的地区缺少什么	

练习 14　利用互联网挖掘并记录你的企业构思

获取到的有价值的信息	企业构思
网站 / 通信软件 / 交流平台：________________	
需求方面的信息： ________________ ________________ 供应方面的信息： ________________ ________________	________________ ________________ ________________ ________________ ________________ ________________
网站 / 通信软件 / 交流平台：________________	
需求方面的信息： ________________ ________________ 供应方面的信息： ________________ ________________	________________ ________________ ________________ ________________ ________________ ________________
网站 / 通信软件 / 交流平台：________________	
需求方面的信息： ________________ ________________ 供应方面的信息： ________________ ________________	________________ ________________ ________________ ________________ ________________ ________________

练习 15 你的企业构思一览表

企业构思	解释

练习 16　筛选你的企业构思

按以下步骤筛选：

1. 看一遍第 54 页练习 15 中你的企业构思一览表，并划掉你不再感兴趣的构思。

2. 仔细看一遍并逐个分析剩下的企业构思，将你的优势和劣势写在相应的空白处（如页面不够，可以自己添加）。

我的企业构思一览表

企业构思	优势	劣势	筛选

3. 认真思考你做的记录，分析并确定 3 个最适合你的企业构思，在这些构思旁边画“√”，其他画“×”。

记住

如果在后面的练习中你发现所选择的这 3 个构思有问题，你随时可以返回来再做一遍这项练习。

练习 17　制订你的实地调研计划

你已经从企业构思一览表中筛选出了 3 个构思，从你认为最可行的一个企业构思开始，通过实地调研收集相关信息，并且越多越好。制订你的实地调研计划并写在下面表格中。

企业构思：________________________

调研对象	调研内容（问题）

去收集这些信息，然后为第二个企业构思制订另一份实地调研计划。在完成第二个企业构思的实地调研后，接着做第三个。当你有些经验之后，这项工作做得就快了。

企业构思：______

调研对象	调研内容（问题）

练习

企业构思：________________

调研对象	调研内容（问题）

练习 18　为你选择的企业构思做 SWOT 分析

现在为你选择的 3 个企业构思做 SWOT 分析。

1. 在第一张 SWOT 分析表上写下你选择的 3 个企业构思中的第一个构思。

2. 认真考虑该企业内部的优势和劣势。这些优势和劣势可能是个人素质、资金、与产品有关的营销、企业地点、价格、销售等方面的问题，把这些问题都写下来。

3. 考虑这个企业的外部环境。在企业的外部环境中，哪些是机会？哪些是威胁？在实地调研中，与你交谈的关键信息提供者也许已经向你指出了这些机会和威胁，你要把这些信息都记下来。

4. 看一看你已经写了哪些内容，在你认为很重要并且会对企业产生很大影响的内容上用星号（*）做标记。

5. 现在数一下这些星号，然后回答 SWOT 分析表下面的问题。

6. 问你自己：

- 我能够继续加强这家企业的优势并增加机会吗？
- 我能够克服这家企业的劣势并避免风险吗？

7. 考虑你将如何克服这家计划创办的企业可能存在的劣势和威胁，在 SWOT 分析表中的横线处写出你思考的结果。

SWOT 分析

企业构思：________________

企 业 内 部

优势	劣势

企 业 外 部

机会	威胁

优势比劣势多吗？是□　　不是□

优势的星号（*）比劣势的多吗？是□　　不是□

机会比威胁多吗？是□　　不是□

机会的星号（*）比威胁的多吗？是□　　不是□

我将如何应对劣势和威胁？

8. 现在用第二张 SWOT 分析表对你的第二个企业构思进行分析，重复上述 2~7 步。

SWOT 分析

企业构思：________________________________

企 业 内 部

优势	劣势

企 业 外 部

机会	威胁

优势比劣势多吗？是□　　不是□

优势的星号（*）比劣势的多吗？是□　　不是□

机会比威胁多吗？是□　　不是□

机会的星号（*）比威胁的多吗？是□　　不是□

我将如何应对劣势和威胁？

----

9. 现在用第三张 SWOT 分析表对你的第三个企业构思进行分析。

SWOT 分析

企业构思：______________________________

企 业 内 部

优势	劣势

企 业 外 部

机会	威胁

优势比劣势多吗？是□　　不是□

优势的星号（*）比劣势的多吗？是□　　不是□

机会比威胁多吗？是□　　不是□

机会的星号（*）比威胁的多吗？是□　　不是□

我将如何应对劣势和威胁？

练习 19　确定你的企业构思

当你完成对 3 个企业构思的 SWOT 分析之后，认真比较这些分析结果，选择一个优势和机会更多，并且你认为最适合创办、最有可能成功的企业构思。

1. 企业名称：________________________________

2. 企业类型（请在□中画“√”）

□贸易企业　　□制造企业

□服务企业　　□农、林、牧、渔企业

□其他（请说明）________________________________

3. 企业将销售的产品或服务：

----

4. 企业的服务对象：

----

5. 企业将满足顾客的下列需求：

练习 20　你做好创办企业的准备了吗

	是	否
1. 你是否了解经营企业要有承诺，要长期承担责任，并且很辛苦？	□	□
2. 你确定知道你为什么想创办企业吗？	□	□
3. 你是否知道企业通常因为什么原因而倒闭？	□	□
4. 你认为自己确实是适合创办企业的那种人吗？	□	□
5. 你知道自己需要改进哪些方面才能成为成功的创业者吗？	□	□
6. 你知道你有多少资金可用于创办你的企业吗？	□	□
7. 你是否做过测算，这笔钱足够创办你打算创办的企业？	□	□
8. 你是否已经有一个明确的企业构思？	□	□
9. 你是否已经对你创办企业的构思进行了 SWOT 分析？	□	□
10. 你是否知道谁将成为你的顾客？他们为什么要从你这里购买产品或服务？	□	□
你的回答有几个“是”和几个“否”？		

如果你能实事求是地对上述问题做出肯定的回答，那么你可以继续参加“创办你的企业(SYB)”培训班的学习。

如果你还不能对上述 10 个问题做出肯定的回答，那么就说明你还没有做好创办企业的准备。建议你马上与指导老师面谈。